303비전성경암송

일천 번제 1

손으로 써서 마음에 새기는

303비전성경암송 일천 번제

A THOUSAND BURNT OFFERINGS

1

유니게 과정 1-5단계

303비전성경암송학교 엮음

규장 303비전성경암송학교

말씀암송의 일천 번제를 드립시다

누가 주의 이 많은 백성을 재판할 수 있사오리이까
듣는 마음을 종에게 주사 주의 백성을 재판하여
선악을 분별하게 하옵소서

_ 왕상 3:9

솔로몬은 왕으로 기름부음 받고 여호와께 일천 번제의 제사를 드렸습니다. 지혜롭고 총명한 마음으로 백성을 다스리기 위하여 듣는 마음을 구하였습니다.

성경암송『일천 번제』로 한 절 한 절의 말씀을 하나님께 번제드리는 마음으로 정성껏 암송하여 하나님께서 부어주시는 지혜와 총명으로 다음세대를 이끌어가는 영적 지도자들이 되기 바랍니다.

303비전성경암송학교 교장 한창수

303비전성경암송학교

종합선교 규장의 설립자인 고故 여운학 장로에 의해 1990년에 설립된 303비전성경암송학교는 자녀가 태어나 장성하기까지 30년씩의 시간을 3세대에 걸쳐 말씀암송 훈련으로 말씀암송을 체질화하고, 말씀암송 가정예배를 통하여 한국교회의 다음세대를 준비하는 원대한 비전으로 시작되었다.

303비전성경암송학교 유니게 과정은 1단계부터 10단계까지 각 단계마다 100구절씩 1,000절의 말씀을 꾸준히 반복하여 암송하게 되며 매주 화, 목요일에 각 5주 과정으로 단계별로 진행된다. 유니게 과정을 수료한 가정의 자녀들은 모범생, 으뜸 모범생, 장학생으로 선발하여 말씀암송을 지속하고 있다.

303비전성경암송학교는 온·오프라인으로 각 지역교회 현장과 연계해 개최되고 있으며, 각 교회 주일학교와 가정에 말씀암송 자녀교육이 잘 정착되도록 돕고 있다. 또한 암송학교가 진행되는 동안 여러 강사를 통해 가정과 교회학교에서 적용이 가능한 다양한 모델과 사례를 발표하고 있다.

303비전성경암송학교를 통하여 수많은 부모가 말씀암송 가정예배를 실천하게 되었으며, 가정에서 말씀으로 양육되는 자녀들은 다음세대 교회를 이끌어갈 소중한 하나님의 자녀로 자라나고 있다.

홈페이지 www.kyujang.com/303vision

303비전
성경암송 기도문

하나님 아버지!
변함없는 은혜와 사랑에 감사드립니다.

지금 이 시간 말씀이신 하나님을
제 안에 모셔 들이려고 합니다.

보혜사 성령님!
이 시간 제 마음에 임하여 주세요.

진리의 말씀을 사모하는 마음을 더하여 주시고
날마다 기쁨과 감사함으로
말씀을 암송하게 하시고
새 시대를 열어갈 303비전 꿈나무 가족답게
말씀암송과 기도로 거룩하게 하옵소서.

말씀대로 살게 하사
예수님의 참 제자가 되게 하소서.

예수님의 이름으로 기도드립니다.
아멘.

303비전성경암송 일천 번제

활용의 지혜

1 **'303비전성경암송 일천 번제'는 1, 2권 각 500절씩 모두 일천 절로 구성되어 있습니다.**

일천 절의 말씀을 암송하며 오른쪽 쓰기 노트에 한 절 한 절씩 정성스럽게 기록하여 자신만의 암송필사노트를 만들어 봅니다.

2 **크게 소리내어 또박 또박 말씀을 하니비 암송법으로 낭송합니다.**

말씀암송은 말씀을 암기하는 것과 다르게 소리내어 반복해서 말씀을 낭독, 선포하는 것입니다. 하니비 암송법을 따라 짧게 끊어서 꾸준히 반복하다 보면 어느덧 말씀이 입에 익숙해지게 되는 것을 경험하게 될 것입니다.

3 **오른쪽은 성경을 필사할 수 있도록 구성하였습니다.**

왼쪽 본문을 따라서 기도하는 마음으로 암송하며 필사하십시오. 빨리 많이 쓰기보다 한 절 한 절 암송을 먼저 한 후에 한 절 한 절 떠올려가며 기록하시기 바랍니다.

4 왼쪽에 기록된 구절의 본문은 유니게 1단계부터 10단계까지 일천 절로 구성되어 있습니다.

암송한 구절을 한 절 한 절 묵상하며 밑줄을 긋거나 메모를 통하여 자신만의 암송 묵상집으로 활용하시면 됩니다.

5 큰 글씨로 선명하게 기록하고 또박또박 읽어 말씀을 마음에 새기도록 합니다.

가정예배 시에 직접 필사한 구절을 보면서 소리내어 낭송하며 가정예배를 드립니다.

6 천 절 암송 노트를 여러 권 필사하여 선물용으로 드리면 더 큰 은혜를 다른 사람들에게 나눌 수 있습니다.

말씀암송 이란 무엇인가?

고 여운학 장로 303비전성경암송학교 설립자

1 말씀암송은 말씀이신 하나님을 내 안에 모셔들이는 영적 예배입니다. (요 1:1, 롬 12:1)

2 말씀암송은 생명의 성령의 법이 나를 주관하게 하는 순종훈련입니다. (롬 8:2)

3 말씀암송은 성령의 권능을 받기 위한 즐거운 영적 근력운동입니다. (행 1:8)

4 말씀암송은 하나님을 내 안에 모셔들이기 위한 거룩한 작업이며 즐거운 수고와 노동입니다. (롬 12:11, 시 126:5)

5 말씀암송은 성령의 검을 갈고 닦기 위한 성도의 영적 무장 행위입니다. (엡 6:17)

6 말씀암송은 성도에게 복을 내려주시기 위한 하나님의 특명입니다. (신 28:1-6)

7 말씀암송은 온유한 자녀를 얻는 말씀암송태교의 핵심 코스입니다. (시 139:13)

8 말씀암송은 하나님 중심 자녀교육을 위한 부모의 필수 기본조건입니다. (잠 22:6)

9 말씀암송은 자녀교육을 위하여 부모에게 내리신 하나님의 지상명령입니다. (신 6:4-9)

10 말씀암송은 성도의 마음을 기쁘게 하고 눈을 밝혀주는 영적보약입니다. (시 19:8)

11 말씀암송은 천국시민권자에게 주어지는 자랑스러운 특권입니다. (빌 3:20)

12 말씀암송은 홍수에도 휩쓸리지 않을 믿음의 집 초석을 놓는 작업입니다. (롬 10:17)

13 말씀암송은 모든 병을 고쳐주는 만병통치약 '사랑소'의 촉진제입니다. (막 16:18)

14 말씀암송은 자신감, 집중력, 자제력, 창의력의 보물창고 만들기입니다. (시 119:9)

15 말씀암송은 하나님과의 영적 사귐을 위한 큐티의 필요조건입니다. (수 1:8)

16 말씀암송은 날마다의 암송가정예배를 드리기 위한 필수 과정입니다. (시 128:1-3)

17 말씀암송은 믿음의 가정을 환하게 밝혀주는 아침 햇살입니다. (사 60:1-3)

18 말씀암송은 성령의 아홉 가지 열매를 거두어들이는 추수 작업입니다. (갈 5:22,23)

19 말씀암송은 사모하는 마음과 갈급한 심령에게 주시는 하나님의 상급입니다. (시 107:9)

20 말씀암송은 주 안에서 새사람으로 태어나게 하는 민족 개조운동입니다. (요 3:3, 고후 5:17)

contents

1단계

2단계

3단계

4단계

5단계

유니게

1
단계

고린도전서 13:1-13* / 신명기 6:4-9 / 로마서 3:23,24
갈라디아서 2:20 / 마태복음 7:7-14 / 시편 1:1-6*
시편 23:1-6* / 시편 100:1-5* / 마태복음 5:1-16
데살로니가전서 2:13 / 요한복음 1:1-18
고린도후서 5:17 / 요한복음 15:1-17

고린도전서 13:1-13*

바울의 사랑장 - 사랑이 없으면

내가 사람의 방언과 천사의 말을 할지라도
사랑이 없으면 소리 나는 구리와
울리는 꽹과리가 되고
2 내가 예언하는 능력이 있어
모든 비밀과 모든 지식을 알고
또 산을 옮길 만한 모든 믿음이 있을지라도
사랑이 없으면 내가 아무것도 아니요
내가 내게 있는 모든 것으로 구제하고
또 내 몸을 불사르게 내줄지라도
사랑이 없으면 내게 아무 유익이 없느니라

고린도전서 13:1-13*

바울의 사랑장 - 사랑의 15가지 덕목

사랑은 오래 참고
사랑은 온유하며 시기하지 아니하며
사랑은 자랑하지 아니하며
교만하지 아니하며
무례히 행하지 아니하며
자기의 유익을 구하지 아니하며
성내지 아니하며 악한 것을 생각하지 아니하며
불의를 기뻐하지 아니하며
진리와 함께 기뻐하고
모든 것을 참으며 모든 것을 믿으며
모든 것을 바라며 모든 것을 견디느니라
사랑은 언제까지나 떨어지지 아니하되
예언도 폐하고 방언도 그치고
지식도 폐하리라

고린도전서 13:1-13*

바울의 사랑장 - 믿음, 소망, 사랑

우리는 부분적으로 알고
부분적으로 예언하니
온전한 것이 올 때에는
부분적으로 하던 것이 폐하리라
내가 어렸을 때에는
말하는 것이 어린 아이와 같고
깨닫는 것이 어린 아이와 같고
생각하는 것이 어린 아이와 같다가
장성한 사람이 되어서는
어린 아이의 일을 버렸노라
우리가 지금은 거울로 보는 것 같이 희미하나
그 때에는 얼굴과 얼굴을 대하여 볼 것이요
지금은 내가 부분적으로 아나
그 때에는 주께서 나를 아신 것 같이
내가 온전히 알리라
그런즉 믿음, 소망, 사랑,
이 세 가지는 항상 있을 것인데
그 중의 제일은 사랑이라

신명기 6:4-9

쉐마 이스라엘 - 부모가 먼저 암송하라

이스라엘아 들으라
우리 하나님 여호와는
오직 유일한 여호와이시니
너는 마음을 다하고
뜻을 다하고 힘을 다하여
네 하나님 여호와를 사랑하라
오늘 내가 네게 명하는 이 말씀을
너는 마음에 새기고

쉐마 이스라엘 - 자녀교육을 이렇게 하라

네 자녀에게 부지런히 가르치며
집에 앉았을 때에든지 길을 갈 때에든지
누워 있을 때에든지 일어날 때에든지
이 말씀을 강론할 것이며
너는 또 그것을
네 손목에 매어 기호를 삼으며
네 미간에 붙여 표로 삼고
또 네 집 문설주와 바깥 문에 기록할지니라

로마서 3:23,24

그리스도의 속량

모든 사람이 죄를 범하였으매
하나님의 영광에 이르지 못하더니
그리스도 예수 안에 있는 속량으로 말미암아
하나님의 은혜로 값 없이 의롭다 하심을
얻은 자 되었느니라

갈라디아서 2:20

그리스도와 함께 십자가에 못 박혔나니

내가 그리스도와 함께
십자가에 못 박혔나니
그런즉 이제는 내가 사는 것이 아니요
오직 내 안에 그리스도께서 사시는 것이라
이제 내가 육체 가운데 사는 것은
나를 사랑하사 나를 위하여
자기 자신을 버리신 하나님의 아들을 믿는
믿음 안에서 사는 것이라

마태복음 7:7–14

구하고 찾고 두드리라

구하라 그리하면 너희에게 주실 것이요
찾으라 그리하면 찾아낼 것이요
문을 두드리라
그리하면 너희에게 열릴 것이니
구하는 이마다 받을 것이요
찾는 이는 찾아낼 것이요
두드리는 이에게는 열릴 것이니라
너희 중에 누가 아들이
떡을 달라 하는데 돌을 주며
생선을 달라 하는데
뱀을 줄 사람이 있겠느냐
너희가 악한 자라도
좋은 것으로 자식에게 줄 줄 알거든
하물며 하늘에 계신 너희 아버지께서
구하는 자에게 좋은 것으로 주시지 않겠느냐

마태복음 7:7–14

황금률

그러므로 무엇이든지
남에게 대접을 받고자 하는 대로
너희도 남을 대접하라
이것이 율법이요 선지자니라

생명의 문으로 들어가라

좁은 문으로 들어가라
멸망으로 인도하는 문은
크고 그 길이 넓어
그리로 들어가는 자가 많고
생명으로 인도하는 문은
좁고 길이 협착하여
찾는 자가 적음이라

시편 1:1-6*

복있는 사람

복 있는 사람은
악인들의 꾀를 따르지 아니하며
죄인들의 길에 서지 아니하며
오만한 자들의 자리에 앉지 아니하고
오직 여호와의 율법을 즐거워하여
그의 율법을 주야로 묵상하는도다
그는 시냇가에 심은 나무가
철을 따라 열매를 맺으며
그 잎사귀가 마르지 아니함 같으니
그가 하는 모든 일이 다 형통하리로다
악인들은 그렇지 아니함이여
오직 바람에 나는 겨와 같도다
그러므로 악인들은 심판을 견디지 못하며
죄인들이 의인들의 모임에 들지 못하리로다
무릇 의인들의 길은 여호와께서 인정하시나
악인들의 길은 망하리로다

시편 23:1-6*

여호와는 나의 목자

여호와는 나의 목자시니
내게 부족함이 없으리로다
그가 나를 푸른 풀밭에 누이시며
쉴 만한 물 가로 인도하시는도다
내 영혼을 소생시키시고
자기 이름을 위하여
의의 길로 인도하시는도다
내가 사망의 음침한 골짜기로 다닐지라도
해를 두려워하지 않을 것은
주께서 나와 함께 하심이라
주의 지팡이와 막대기가 나를 안위하시나이다
주께서 내 원수의 목전에서
내게 상을 차려 주시고
기름을 내 머리에 부으셨으니
내 잔이 넘치나이다
내 평생에 선하심과 인자하심이
반드시 나를 따르리니
내가 여호와의 집에 영원히 살리로다

시편 100:1-5*

여호와를 송축하라

온 땅이여 여호와께 즐거운 찬송을 부를지어다
기쁨으로 여호와를 섬기며 노래하면서
그의 앞에 나아갈지어다
여호와가 우리 하나님이신 줄 너희는 알지어다
그는 우리를 지으신 이요
우리는 그의 것이니 그의 백성이요
그의 기르시는 양이로다
감사함으로 그의 문에 들어가며
찬송함으로 그의 궁정에 들어가서
그에게 감사하며 그의 이름을 송축할지어다
여호와는 선하시니
그의 인자하심이 영원하고
그의 성실하심이 대대에 이르리로다

마태복음 5:1-16

산상수훈 - 팔복

예수께서 무리를 보시고
산에 올라가 앉으시니
제자들이 나아온지라
입을 열어 가르쳐 이르시되
심령이 가난한 자는 복이 있나니
천국이 그들의 것임이요
애통하는 자는 복이 있나니
그들이 위로를 받을 것임이요
온유한 자는 복이 있나니
그들이 땅을 기업으로 받을 것임이요

마태복음 5:1-16

산상수훈 - 팔복

의에 주리고 목마른 자는 복이 있나니

그들이 배부를 것임이요

긍휼히 여기는 자는 복이 있나니

그들이 긍휼히 여김을 받을 것임이요

마음이 청결한 자는 복이 있나니

그들이 하나님을 볼 것임이요

화평하게 하는 자는 복이 있나니

그들이 하나님의 아들이라 일컬음을 받을 것임이요

의를 위하여 박해를 받은 자는 복이 있나니

천국이 그들의 것임이라

마태복음 5:1-16

산상수훈 - 너희는 세상의 소금과 빛이라

나로 말미암아 너희를 욕하고 박해하고
거짓으로 너희를 거슬러
모든 악한 말을 할 때에는 너희에게 복이 있나니
기뻐하고 즐거워하라
하늘에서 너희의 상이 큼이라
너희 전에 있던 선지자들도 이같이 박해하였느니라
너희는 세상의 소금이니
소금이 만일 그 맛을 잃으면 무엇으로 짜게 하리요
후에는 아무 쓸 데 없어
다만 밖에 버려져 사람에게 밟힐 뿐이니라
너희는 세상의 빛이라
산 위에 있는 동네가 숨겨지지 못할 것이요
사람이 등불을 켜서
말 아래에 두지 아니하고 등경 위에 두나니
이러므로 집 안 모든 사람에게 비치느니라
이같이 너희 빛이 사람 앞에 비치게 하여
그들로 너희 착한 행실을 보고
하늘에 계신 너희 아버지께 영광을 돌리게 하라

데살로니가전서 2:13

믿는 자 가운데에서 역사하시는 말씀

이러므로 우리가 하나님께 끊임없이 감사함은
너희가 우리에게 들은 바
하나님의 말씀을 받을 때에
사람의 말로 받지 아니하고
하나님의 말씀으로 받음이니 진실로 그러하도다
이 말씀이 또한 너희 믿는 자 가운데에서
역사하느니라

요한복음 1:1-18

말씀은 곧 하나님

태초에 말씀이 계시니라
이 말씀이 하나님과 함께 계셨으니
이 말씀은 곧 하나님이시니라
그가 태초에 하나님과 함께 계셨고
만물이 그로 말미암아 지은 바 되었으니
지은 것이 하나도 그가 없이는 된 것이 없느니라
그 안에 생명이 있었으니
이 생명은 사람들의 빛이라
빛이 어둠에 비치되 어둠이 깨닫지 못하더라

요한복음 1:1-18

참빛으로 오신 예수님

하나님께로부터 보내심을 받은 사람이 있으니

그의 이름은 요한이라

그가 증언하러 왔으니

곧 빛에 대하여 증언하고

모든 사람이 자기로 말미암아 믿게 하려 함이라

그는 이 빛이 아니요

이 빛에 대하여 증언하러 온 자라

참 빛 곧 세상에 와서

각 사람에게 비추는 빛이 있었나니

그가 세상에 계셨으며

세상은 그로 말미암아 지은 바 되었으되

세상이 그를 알지 못하였고

요한복음 1:1-18

말씀이 육신이 되어 오신 예수님

자기 땅에 오매
자기 백성이 영접하지 아니하였으나
영접하는 자 곧 그 이름을 믿는 자들에게는
하나님의 자녀가 되는 권세를 주셨으니
이는 혈통으로나 육정으로나
사람의 뜻으로 나지 아니하고
오직 하나님께로부터 난 자들이니라
말씀이 육신이 되어 우리 가운데 거하시매
우리가 그의 영광을 보니
아버지의 독생자의 영광이요
은혜와 진리가 충만하더라
요한이 그에 대하여 증언하여 외쳐 이르되
내가 전에 말하기를
내 뒤에 오시는 이가 나보다 앞선 것은
나보다 먼저 계심이라 한 것이
이 사람을 가리킴이라 하니라

요한복음 1:1–18

은혜와 진리로 오신 예수님

우리가 다 그의 충만한 데서 받으니
은혜 위에 은혜러라
율법은 모세로 말미암아 주어진 것이요
은혜와 진리는 예수 그리스도로
말미암아 온 것이라
본래 하나님을 본 사람이 없으되
아버지 품 속에 있는
독생하신 하나님이 나타내셨느니라

고린도후서 5:17

새로운 피조물

그런즉 누구든지 그리스도 안에 있으면
새로운 피조물이라
이전 것은 지나갔으니
보라 새 것이 되었도다

요한복음 15:1-17

참포도나무이신 예수님

나는 참포도나무요 내 아버지는 농부라
무릇 내게 붙어 있어
열매를 맺지 아니하는 가지는
아버지께서 그것을 제거해 버리시고
무릇 열매를 맺는 가지는
더 열매를 맺게 하려 하여
그것을 깨끗하게 하시느니라
너희는 내가 일러준 말로 이미 깨끗하여졌으니
내 안에 거하라 나도 너희 안에 거하리라
가지가 포도나무에 붙어 있지 아니하면
스스로 열매를 맺을 수 없음 같이
너희도 내 안에 있지 아니하면 그러하리라

요한복음 15:1-17

예수님은 포도나무, 우리는 가지

나는 포도나무요 너희는 가지라
그가 내 안에, 내가 그 안에 거하면
사람이 열매를 많이 맺나니
나를 떠나서는 너희가 아무 것도 할 수 없음이라
사람이 내 안에 거하지 아니하면
가지처럼 밖에 버려져 마르나니
사람들이 그것을 모아다가 불에 던져 사르느니라
너희가 내 안에 거하고
내 말이 너희 안에 거하면
무엇이든지 원하는 대로 구하라
그리하면 이루리라
너희가 열매를 많이 맺으면
내 아버지께서 영광을 받으실 것이요
너희는 내 제자가 되리라

요한복음 15:1-17

예수님의 계명

아버지께서 나를 사랑하신 것 같이
나도 너희를 사랑하였으니
나의 사랑 안에 거하라
내가 아버지의 계명을 지켜
그의 사랑 안에 거하는 것 같이
너희도 내 계명을 지키면
내 사랑 안에 거하리라
내가 이것을 너희에게 이름은
내 기쁨이 너희 안에 있어
너희 기쁨을 충만하게 하려 함이라
내 계명은 곧 내가 너희를 사랑한 것 같이
너희도 서로 사랑하라 하는 이것이니라
사람이 친구를 위하여 자기 목숨을 버리면
이보다 더 큰 사랑이 없나니

요한복음 15:1-17

서로 사랑하라

너희는 내가 명하는 대로 행하면
곧 나의 친구라
이제부터는 너희를 종이라 하지 아니하리니
종은 주인이 하는 것을 알지 못함이라
너희를 친구라 하였노니
내가 내 아버지께 들은 것을
다 너희에게 알게 하였음이라
너희가 나를 택한 것이 아니요
내가 너희를 택하여 세웠나니
이는 너희로 가서 열매를 맺게 하고
또 너희 열매가 항상 있게 하여
내 이름으로 아버지께 무엇을 구하든지
다 받게 하려 함이라
내가 이것을 너희에게 명함은
너희로 서로 사랑하게 하려 함이라

유니게

2
단계

창세기 1:1 / 출애굽기 20:1-21 / 신명기 28:1-6
여호수아 1:8,9 / 여호수아 6:1-3 / 시편 8:1-9* / 창세기 12:1-4
시편 150:1-6* / 이사야 1:18-20 / 이사야 14:24-27 / 잠언 16:1-9
시편 107:9 / 잠언 8:17 / 하박국 3:17-19* / 마태복음 7:1-6
이사야 40:27-31* / 예레미야 33:1-3 / 마태복음 11:28-30*
이사야 41:10 / 사도행전 1:1-8 / 마태복음 6:33

창세기 1:1

천지창조

태초에 하나님이 천지를 창조하시니라

출애굽기 20:1-21

십계명 - 들어가기

하나님이 이 모든 말씀으로 말씀하여 이르시되
나는 너를 애굽 땅, 종 되었던 집에서
인도하여 낸 네 하나님 여호와니라

십계명 - 제 1,2계명

너는 나 외에는 다른 신들을 네게 두지 말라
너를 위하여 새긴 우상을 만들지 말고
또 위로 하늘에 있는 것이나
아래로 땅에 있는 것이나
땅 아래 물 속에 있는 것의 어떤 형상도 만들지 말며
그것들에게 절하지 말며 그것들을 섬기지 말라
나 네 하나님 여호와는 질투하는 하나님인즉
나를 미워하는 자의 죄를 갚되 아버지로부터
아들에게로 삼사 대까지 이르게 하거니와
나를 사랑하고 내 계명을 지키는 자에게는
천 대까지 은혜를 베푸느니라

출애굽기 20:1-21

십계명 - 제 3,4계명

너는 네 하나님 여호와의 이름을
망령되게 부르지 말라
여호와는 그의 이름을 망령되게 부르는 자를
죄 없다 하지 아니하리라
안식일을 기억하여 거룩하게 지키라
엿새 동안은 힘써 네 모든 일을 행할 것이나
일곱째 날은 네 하나님 여호와의 안식일인즉
너나 네 아들이나 네 딸이나
네 남종이나 네 여종이나
네 가축이나 네 문안에 머무는 객이라도
아무 일도 하지 말라
이는 엿새 동안에 나 여호와가
하늘과 땅과 바다와
그 가운데 모든 것을 만들고
일곱째 날에 쉬었음이라
그러므로 나 여호와가 안식일을 복되게 하여
그 날을 거룩하게 하였느니라

출애굽기 20:1-21

십계명 - 제 5~10계명

12 네 부모를 공경하라
그리하면 네 하나님 여호와가
네게 준 땅에서 네 생명이 길리라
13 살인하지 말라
14 간음하지 말라
15 도둑질하지 말라
16 네 이웃에 대하여 거짓 증거하지 말라
17 네 이웃의 집을 탐내지 말라
네 이웃의 아내나
그의 남종이나 그의 여종이나
그의 소나 그의 나귀나
무릇 네 이웃의 소유를 탐내지 말라

출애굽기 20:1-21

두려워 떠는 이스라엘 백성

18 뭇 백성이 우레와 번개와
나팔 소리와 산의 연기를 본지라
그들이 볼 때에 떨며 멀리 서서
19 모세에게 이르되
당신이 우리에게 말씀하소서
우리가 들으리이다
하나님이 우리에게 말씀하시지 말게 하소서
우리가 죽을까 하나이다
20 모세가 백성에게 이르되
두려워하지 말라 하나님이 임하심은
너희를 시험하고 너희로 경외하여
범죄하지 않게 하려 하심이니라
21 백성은 멀리 서 있고
모세는 하나님이 계신 흑암으로 가까이 가니라

신명기 28:1-6

순종과 축복의 약속

네가 네 하나님 여호와의 말씀을 삼가 듣고
내가 오늘 네게 명령하는
그의 모든 명령을 지켜 행하면
네 하나님 여호와께서
너를 세계 모든 민족 위에 뛰어나게 하실 것이라
네가 네 하나님 여호와의 말씀을 청종하면
이 모든 복이 네게 임하며 네게 이르리니
성읍에서도 복을 받고
들에서도 복을 받을 것이며
네 몸의 자녀와 네 토지의 소산과
네 짐승의 새끼와 소와 양의 새끼가
복을 받을 것이며
네 광주리와 떡 반죽 그릇이 복을 받을 것이며
네가 들어와도 복을 받고
나가도 복을 받을 것이니라

여호수아 1:8,9

말씀 암송· 묵상·준행·형통의 법칙

이 율법책을 네 입에서 떠나지 말게 하며
주야로 그것을 묵상하여
그 안에 기록된 대로 다 지켜 행하라
그리하면 네 길이 평탄하게 될 것이며
네가 형통하리라
내가 네게 명령한 것이 아니냐
강하고 담대하라 두려워하지 말며 놀라지 말라
네가 어디로 가든지 네 하나님 여호와가
너와 함께 하느니라 하시니라

여호수아 6:1-3

매일 한 번씩 돌되

이스라엘 자손들로 말미암아
여리고는 굳게 닫혔고 출입하는 자가 없더라
여호와께서 여호수아에게 이르시되
보라 내가 여리고와 그 왕과 용사들을
네 손에 넘겨 주었으니
너희 모든 군사는 그 성을 둘러
성 주위를 매일 한 번씩 돌되
엿새 동안을 그리하라

시편 8:1-9*

어린 아이들과 젖먹이들의 입으로

1 여호와 우리 주여 주의 이름이 온 땅에
어찌 그리 아름다운지요
주의 영광이 하늘을 덮었나이다
2 주의 대적으로 말미암아
어린 아이들과 젖먹이들의 입으로
권능을 세우심이여
이는 원수들과 보복자들을
잠잠하게 하려 하심이니이다
3 주의 손가락으로 만드신 주의 하늘과
주께서 베풀어 두신
달과 별들을 내가 보오니
4 사람이 무엇이기에 주께서 그를 생각하시며
인자가 무엇이기에 주께서 그를 돌보시나이까

시편 8:1-9*

만물을 다스리시는 주님

그를 하나님보다 조금 못하게 하시고
영화와 존귀로 관을 씌우셨나이다
주의 손으로 만드신 것을 다스리게 하시고
만물을 그의 발 아래 두셨으니
곧 모든 소와 양과 들짐승이며
공중의 새와 바다의 물고기와
바닷길에 다니는 것이니이다
여호와 우리 주여 주의 이름이
온 땅에 어찌 그리 아름다운지요

창세기 12:1-4

너는 복의 근원

1 여호와께서 아브람에게 이르시되
너는 너의 고향과 친척과 아버지의 집을 떠나
내가 네게 보여 줄 땅으로 가라
2 내가 너로 큰 민족을 이루고 네게 복을 주어
네 이름을 창대하게 하리니
너는 복이 될지라
3 너를 축복하는 자에게는 내가 복을 내리고
너를 저주하는 자에게는 내가 저주하리니
땅의 모든 족속이 너로 말미암아
복을 얻을 것이라 하신지라
4 이에 아브람이 여호와의 말씀을 따라갔고
롯도 그와 함께 갔으며
아브람이 하란을 떠날 때에 칠십오 세였더라

시편 150:1-6*

할렐루야 여호와를 찬양할지어다

할렐루야 그의 성소에서 하나님을 찬양하며
그의 권능의 궁창에서 그를 찬양할지어다
그의 능하신 행동을 찬양하며
그의 지극히 위대하심을 따라 찬양할지어다
나팔 소리로 찬양하며
비파와 수금으로 찬양할지어다
소고 치며 춤 추어 찬양하며
현악과 퉁소로 찬양할지어다
큰 소리 나는 제금으로 찬양하며
높은 소리 나는 제금으로 찬양할지어다
호흡이 있는 자마다
여호와를 찬양할지어다 할렐루야

이사야 1:18-20

오라 우리가 서로 변론하자

여호와께서 말씀하시되 오라 우리가 서로 변론하자
너희의 죄가 주홍 같을지라도 눈과 같이 희어질 것이요
너희의 죄가 진홍 같이 붉을지라도 양털 같이 희게 되리라
너희가 즐겨 순종하면 땅의 아름다운 소산을 먹을 것이요
너희가 거절하여 배반하면 칼에 삼켜지리라
여호와의 입의 말씀이니라

이사야 14:24-27

반드시 이루어지는 여호와의 계획

만군의 여호와께서 맹세하여 이르시되
내가 생각한 것이 반드시 되며
내가 경영한 것을 반드시 이루리라
내가 앗수르를 나의 땅에서 파하며
나의 산에서 그것을 짓밟으리니
그 때에 그의 멍에가 이스라엘에게서 떠나고
그의 짐이 그들의 어깨에서 벗어질 것이라
이것이 온 세계를 향하여 정한 경영이며
이것이 열방을 향하여 편 손이라 하셨나니
만군의 여호와께서 경영하셨은즉
누가 능히 그것을 폐하며 그의 손을 펴셨은즉
누가 능히 그것을 돌이키랴

잠언 16:1-9

너의 행사를 여호와께 맡기라

1 마음의 경영은 사람에게 있어도
말의 응답은 여호와께로부터 나오느니라
2 사람의 행위가 자기 보기에는 모두 깨끗하여도
여호와는 심령을 감찰하시느니라
3 너의 행사를 여호와께 맡기라
그리하면 네가 경영하는 것이 이루어지리라
4 여호와께서 온갖 것을
그 쓰임에 적당하게 지으셨나니
악인도 악한 날에 적당하게 하셨느니라
5 무릇 마음이 교만한 자를 여호와께서 미워하시나니
피차 손을 잡을지라도 벌을 면하지 못하리라

잠언 16:1-9

걸음을 인도하시는 여호와

인자와 진리로 인하여 죄악이 속하게 되고
여호와를 경외함으로 말미암아
악에서 떠나게 되느니라
사람의 행위가 여호와를 기쁘시게 하면
그 사람의 원수라도
그와 더불어 화목하게 하시느니라
적은 소득이 공의를 겸하면
많은 소득이 불의를 겸한 것보다 나으니라
사람이 마음으로 자기의 길을 계획할지라도
그의 걸음을 인도하시는 이는 여호와시니라

시편 107:9

사모하는 영혼에게 만족을 주시는 하나님

그가 사모하는 영혼에게 만족을 주시며
주린 영혼에게 좋은 것으로 채워 주심이로다

잠언 8:17

주님의 사랑을 입는 법

나를 사랑하는 자들이 나의 사랑을 입으며
나를 간절히 찾는 자가 나를 만날 것이니라

하박국 3:17-19*

비록 외양간에 소가 없을지라도

비록 무화과나무가 무성하지 못하며
포도나무에 열매가 없으며
감람나무에 소출이 없으며
밭에 먹을 것이 없으며 우리에 양이 없으며
외양간에 소가 없을지라도
나는 여호와로 말미암아 즐거워하며
나의 구원의 하나님으로 말미암아 기뻐하리로다
주 여호와는 나의 힘이시라
나의 발을 사슴과 같게 하사
나를 나의 높은 곳으로 다니게 하시리로다
이 노래는 지휘하는 사람을 위하여
내 수금에 맞춘 것이니라

마태복음 7:1-6

비판하지 말라

비판을 받지 아니하려거든 비판하지 말라
너희가 비판하는 그 비판으로
너희가 비판을 받을 것이요
너희가 헤아리는 그 헤아림으로
너희가 헤아림을 받을 것이니라
어찌하여 형제의 눈 속에 있는 티는 보고
네 눈 속에 있는 들보는 깨닫지 못하느냐

먼저 네 눈 속의 들보를 빼어라

보라 네 눈 속에 들보가 있는데
어찌하여 형제에게 말하기를
나로 네 눈 속에 있는
티를 빼게 하라 하겠느냐
외식하는 자여 먼저 네 눈 속에서 들보를 빼어라
그 후에야 밝히 보고
형제의 눈 속에서 티를 빼리라
거룩한 것을 개에게 주지 말며
너희 진주를 돼지 앞에 던지지 말라
그들이 그것을 발로 밟고
돌이켜 너희를 찢어 상하게 할까 염려하라

이사야 40:27-31*

여호와를 앙망하는 자는 새 힘을 얻으리라

야곱아 어찌하여 네가 말하며
이스라엘아 네가 이르기를
내 길은 여호와께 숨겨졌으며
내 송사는 내 하나님에게서 벗어난다 하느냐
너는 알지 못하였느냐 듣지 못하였느냐
영원하신 하나님 여호와,
땅 끝까지 창조하신 이는
피곤하지 않으시며 곤비하지 않으시며
명철이 한이 없으시며
피곤한 자에게는 능력을 주시며
무능한 자에게는 힘을 더하시나니
소년이라도 피곤하며 곤비하며
장정이라도 넘어지며 쓰러지되
오직 여호와를 앙망하는 자는 새 힘을 얻으리니
독수리가 날개치며 올라감 같을 것이요
달음박질하여도 곤비하지 아니하겠고
걸어가도 피곤하지 아니하리로다

예레미야 33:1-3

하나님의 긴급전화

예레미야가 아직 시위대 뜰에 갇혀 있을 때에
여호와의 말씀이 그에게 두 번째로 임하니라 이르시되
일을 행하시는 여호와,
그것을 만들며 성취하시는 여호와,
그의 이름을 여호와라 하는 이가
이와 같이 이르시도다
너는 내게 부르짖으라
내가 네게 응답하겠고 네가 알지 못하는
크고 은밀한 일을 네게 보이리라

마태복음 11:28-30*

다 내게로 오라

수고하고 무거운 짐 진 자들아
다 내게로 오라 내가 너희를 쉬게 하리라
나는 마음이 온유하고 겸손하니
나의 멍에를 메고 내게 배우라
그리하면 너희 마음이 쉼을 얻으리니
이는 내 멍에는 쉽고
내 짐은 가벼움이라 하시니라

이사야 41:10

참으로 너를 도와주리라

두려워하지 말라 내가 너와 함께 함이라
놀라지 말라 나는 네 하나님이 됨이라
내가 너를 굳세게 하리라 참으로 너를 도와 주리라
참으로 나의 의로운 오른손으로 너를 붙들리라

사도행전 1:1-8

아버지의 약속을 기다리라

1 데오빌로여 내가 먼저 쓴 글에는
무릇 예수께서 행하시며 가르치시기를 시작하심부터
2 그가 택하신 사도들에게 성령으로 명하시고
승천하신 날까지의 일을 기록하였노라
3 그가 고난 받으신 후에
또한 그들에게 확실한 많은 증거로
친히 살아 계심을 나타내사
사십 일 동안 그들에게 보이시며
하나님 나라의 일을 말씀하시니라
4 사도와 함께 모이사 그들에게 분부하여 이르시되
예루살렘을 떠나지 말고 내게서 들은 바
아버지께서 약속하신 것을 기다리라

사도행전 1:1-8

오직 성령이 너희에게 임하시면

요한은 물로 세례를 베풀었으나
너희는 몇 날이 못되어
성령으로 세례를 받으리라 하셨느니라
그들이 모였을 때에 예수께 여쭈어 이르되
주께서 이스라엘 나라를 회복하심이
이 때니이까 하니
이르시되 때와 시기는
아버지께서 자기의 권한에 두셨으니
너희가 알 바 아니요
오직 성령이 너희에게 임하시면
너희가 권능을 받고
예루살렘과 온 유대와 사마리아와
땅 끝까지 이르러 내 증인이 되리라 하시니라

마태복음 6:33

먼저 그의 나라와 그의 의를 구하라

그런즉 너희는 먼저 그의 나라와
그의 의를 구하라
그리하면 이 모든 것을 너희에게 더하시리라

유니게

3
단계

빌립보서 4:1-23* / 시편 19:1-14* / 마태복음 28:16-20*
마가복음 16:14-20* / 시편 42:1-5 / 말라기 4:1-6*
마태복음 10:16 / 누가복음 10:17-24 / 시편 128:1-6* / 시편 103:1-5
로마서 5:1-11 / 시편 121:1-8* / 시편 119:97

빌립보서 4:1-23*

사랑 어린 문안

1 그러므로 나의 사랑하고 사모하는 형제들,
나의 기쁨이요 면류관인 사랑하는 자들아
이와 같이 주 안에 서라
2 내가 유오디아를 권하고 순두게를 권하노니
주 안에서 같은 마음을 품으라
3 또 참으로 나와 멍에를 같이한 네게 구하노니
복음에 나와 함께 힘쓰던 저 여인들을 돕고
또한 글레멘드와 그 외에 나의 동역자들을 도우라
그 이름들이 생명책에 있느니라

기쁨. 관용, 기도

4 주 안에서 항상 기뻐하라
내가 다시 말하노니 기뻐하라
5 너희 관용을 모든 사람에게 알게 하라
주께서 가까우시니라
6 아무 것도 염려하지 말고
다만 모든 일에 기도와 간구로,
너희 구할 것을 감사함으로 하나님께 아뢰라
7 그리하면 모든 지각에 뛰어난 하나님의 평강이
그리스도 예수 안에서
너희 마음과 생각을 지키시리라

빌립보서 4:1-23*

지도자의 덕목

끝으로 형제들아
무엇에든지 참되며 무엇에든지 경건하며
무엇에든지 옳으며 무엇에든지 정결하며
무엇에든지 사랑 받을 만하며
무엇에든지 칭찬 받을 만하며
무슨 덕이 있든지 무슨 기림이 있든지
이것들을 생각하라
너희는 내게 배우고 받고 듣고 본 바를 행하라
그리하면 평강의 하나님이 너희와 함께 계시리라

믿는 자의 풍요

내가 주 안에서 크게 기뻐함은
너희가 나를 생각하던 것이 이제 다시 싹이 남이니
너희가 또한 이를 위하여 생각은 하였으나
기회가 없었느니라
내가 궁핍하므로 말하는 것이 아니니라
어떠한 형편에든지 나는 자족하기를 배웠노니
나는 비천에 처할 줄도 알고 풍부에 처할 줄도 알아
모든 일 곧 배부름과 배고픔과
풍부와 궁핍에도 처할 줄 아는
일체의 비결을 배웠노라

빌립보서 4:1–23*

믿는 자의 능력

13 내게 능력 주시는 자 안에서
내가 모든 것을 할 수 있느니라
14 그러나 너희가 내 괴로움에
함께 참여하였으니 잘하였도다
15 빌립보 사람들아 너희도 알거니와
복음의 시초에 내가 마게도냐를 떠날 때에
주고 받는 내 일에 참여한 교회가
너희 외에 아무도 없었느니라
16 데살로니가에 있을 때에도
너희가 한 번뿐 아니라
두 번이나 나의 쓸 것을 보내었도다

빌립보서 4:1-23*

향기로운 제물

내가 선물을 구함이 아니요
오직 너희에게 유익하도록
풍성한 열매를 구함이라
내게는 모든 것이 있고 또 풍부한지라
에바브로디도 편에 너희가 준 것을 받으므로
내가 풍족하니
이는 받으실 만한 향기로운 제물이요
하나님을 기쁘시게 한 것이라
나의 하나님이 그리스도 예수 안에서 영광 가운데
그 풍성한 대로 너희 모든 쓸 것을 채우시리라
하나님 곧 우리 아버지께
세세 무궁하도록 영광을 돌릴지어다 아멘

사랑의 문안

그리스도 예수 안에 있는 성도에게 각각 문안하라
나와 함께 있는 형제들이 너희에게 문안하고
모든 성도들이 너희에게 문안하되
특히 가이사의 집 사람들 중 몇이니라
주 예수 그리스도의 은혜가
너희 심령에 있을지어다

시편 19:1-14*

하나님의 일하심

1 하늘이 하나님의 영광을 선포하고
궁창이 그의 손으로 하신 일을 나타내는도다
2 날은 날에게 말하고 밤은 밤에게 지식을 전하니
3 언어도 없고 말씀도 없으며 들리는 소리도 없으나
4 그의 소리가 온 땅에 통하고
그의 말씀이 세상 끝까지 이르도다
하나님이 해를 위하여 하늘에 장막을 베푸셨도다

말씀의 능력

5 해는 그의 신방에서 나오는 신랑과 같고
그의 길을 달리기 기뻐하는 장사 같아서
6 하늘 이 끝에서 나와서
하늘 저 끝까지 운행함이여
그의 열기에서 피할 자가 없도다
7 여호와의 율법은 완전하여 영혼을 소성시키며
여호와의 증거는 확실하여
우둔한 자를 지혜롭게 하며
8 여호와의 교훈은 정직하여 마음을 기쁘게 하고
여호와의 계명은 순결하여 눈을 밝게 하시도다

시편 19:1-14*

보배로운 말씀

여호와를 경외하는 도는
정결하여 영원까지 이르고
여호와의 법도 진실하여 다 의로우니
금 곧 많은 순금보다 더 사모할 것이며
꿀과 송이꿀보다 더 달도다
또 주의 종이 이것으로 경고를 받고
이것을 지킴으로 상이 크니이다
자기 허물을 능히 깨달을 자 누구리요
나를 숨은 허물에서 벗어나게 하소서

성도의 기원

또 주의 종에게
고의로 죄를 짓지 말게 하사
그 죄가 나를 주장하지 못하게 하소서
그리하면 내가 정직하여
큰 죄과에서 벗어나겠나이다
나의 반석이시요
나의 구속자이신 여호와여
내 입의 말과 마음의 묵상이
주님 앞에 열납되기를 원하나이다

마태복음 28:16-20*

예수의 전도 명령 1

열한 제자가 갈릴리에 가서

예수께서 지시하신 산에 이르러

예수를 뵈옵고 경배하나

아직도 의심하는 사람들이 있더라

예수께서 나아와 말씀하여 이르시되

하늘의 땅의 모든 권세를 내게 주셨으니

그러므로 너희는 가서

모든 민족을 제자로 삼아 아버지와 아들과

성령의 이름으로 세례를 베풀고

내가 너희에게 분부한 모든 것을

가르쳐 지키게 하라

볼지어다 내가 세상 끝 날까지

너희와 항상 함께 있으리라 하시니라

마가복음 16:14-20*

예수의 전도 명령 2

14 그 후에 열한 제자가 음식 먹을 때에
예수께서 그들에게 나타나사
그들의 믿음 없는 것과 마음이 완악한 것을 꾸짖으시니
이는 자기가 살아난 것을 본 자들의
말을 믿지 아니함일러라
15 또 이르시되 너희는 온 천하에 다니며
만민에게 복음을 전파하라
16 믿고 세례를 받는 사람은 구원을 얻을 것이요
믿지 않는 사람은 정죄를 받으리라

전도자의 능력

17 믿는 자들에게는 이런 표적이 따르리니
곧 그들이 내 이름으로 귀신을 쫓아내며
새 방언을 말하며
18 뱀을 집어 올리며
무슨 독을 마실지라도 해를 받지 아니하며
병든 사람에게 손을 얹은즉 나으리라 하시더라
19 주 예수께서 말씀을 마치신 후에
하늘로 올려지사 하나님 우편에 앉으시니라
20 제자들이 나가 두루 전파할새
주께서 함께 역사하사 그 따르는 표적으로
말씀을 확실히 증언하시니라

시편 42:1-5

목마른 사슴처럼

하나님이여 사슴이
시냇물을 찾기에 갈급함 같이
내 영혼이 주를 찾기에 갈급하니이다
내 영혼이 하나님 곧
살아 계시는 하나님을 갈망하나니
내가 어느 때에 나아가서 하나님의 얼굴을 뵈올까
사람들이 종일 내게 하는 말이
네 하나님이 어디 있느뇨 하오니
내 눈물이 주야로 내 음식이 되었도다

하나님을 바라라

내가 전에 성일을 지키는 무리와 동행하여
기쁨과 감사의 소리를 내며
그들을 하나님의 집으로 인도하였더니
이제 이 일을 기억하고 내 마음이 상하는도다
내 영혼아 네가 어찌하여 낙심하며
어찌하여 내 속에서 불안해 하는가
너는 하나님께 소망을 두라
그가 나타나 도우심으로 말미암아
내가 여전히 찬송하리로다

말라기 4:1–6*

치료하는 광선

만군의 여호와가 이르노라
보라 용광로 불 같은 날이 이르리니
교만한 자와 악을 행하는 자는 다 지푸라기 같을 것이라
그 이르는 날에 그들을 살라
그 뿌리와 가지를 남기지 아니할 것이로되
내 이름을 경외하는 너희에게는
공의로운 해가 떠올라서 치료하는 광선을 비추리니
너희가 나가서 외양간에서 나온 송아지 같이 뛰리라
또 너희가 악인을 밟을 것이니
그들이 내가 정한 날에 너희 발바닥 밑에 재와 같으리라
만군의 여호와의 말이니라

율례와 법도를 기억하라

너희는 내가 호렙에서 온 이스라엘을 위하여
내 종 모세에게 명령한 법
곧 율례와 법도를 기억하라
보라 여호와의 크고 두려운 날이 이르기 전에
내가 선지자 엘리야를 너희에게 보내리니
그가 아버지의 마음을 자녀에게로 돌이키게 하고
자녀들의 마음을 그들의 아버지에게로 돌이키게 하리라
돌이키지 아니하면 두렵건대
내가 와서 저주로 그 땅을 칠까 하노라 하시니라

마태복음 10:16

전도의 지혜

보라 내가 너희를 보냄이
양을 이리 가운데로 보냄과 같도다
그러므로 너희는 뱀 같이 지혜롭고
비둘기 같이 순결하라

누가복음 10:17-24

전도자에게 주시는 권세

칠십 인이 기뻐하며 돌아와 이르되
주여 주의 이름이면
귀신들도 우리에게 항복하더이다
예수께서 이르시되 사탄이 하늘로부터
번개 같이 떨어지는 것을 내가 보았노라
내가 너희에게 뱀과 전갈을 밟으며
원수의 모든 능력을 제어할 권능을 주었으니
너희를 해칠 자가 결코 없으리라

누가복음 10:17-24

예수님의 기뻐하심

그러나 귀신들이 너희에게
항복하는 것으로 기뻐하지 말고
너희 이름이 하늘에 기록된 것으로 기뻐하라 하시니라
그 때에 예수께서
성령으로 기뻐하시며 이르시되
천지의 주재이신 아버지여
이것을 지혜롭고 슬기 있는 자들에게는 숨기시고
어린 아이들에게는 나타내심을 감사하나이다
옳소이다 이렇게 된 것이 아버지의 뜻이니이다

복 있는 눈과 귀

내 아버지께서 모든 것을 내게 주셨으니
아버지 외에는 아들이 누구인지 아는 자가 없고
아들과 또 아들의 소원대로 계시를 받는 자 외에는
아버지가 누구인지 아는 자가 없나이다 하시고
제자들을 돌아 보시며 조용히 이르시되
너희가 보는 것을 보는 눈은 복이 있도다
내가 너희에게 말하노니
많은 선지자와 임금이 너희가 보는 바를
보고자 하였으되 보지 못하였으며
너희가 듣는 바를 듣고자 하였으되
듣지 못하였느니라

시편 128:1-6*

복된 가정

여호와를 경외하며
그의 길을 걷는 자마다 복이 있도다
네가 네 손이 수고한 대로 먹을 것이라
네가 복되고 형통하리로다
네 집 안방에 있는 네 아내는
결실한 포도나무 같으며
네 식탁에 둘러 앉은 자식들은
어린 감람나무 같으리로다

신령한 복

여호와를 경외하는 자는 이같이 복을 얻으리로다
여호와께서 시온에서 네게 복을 주실지어다
너는 평생에 예루살렘의 번영을 보며
네 자식의 자식을 볼지어다
이스라엘에게 평강이 있을지로다

시편 103:1-5

내 영혼아 여호와를 송축하라

1 내 영혼아 여호와를 송축하라
내 속에 있는 것들아
다 그의 거룩한 이름을 송축하라
2 내 영혼아 여호와를 송축하며
그의 모든 은택을 잊지 말지어다
3 그가 네 모든 죄악을 사하시며
네 모든 병을 고치시며
4 네 생명을 파멸에서 속량하시고
인자와 긍휼로 관을 씌우시며
5 좋은 것으로 네 소원을 만족하게 하사
네 청춘을 독수리 같이 새롭게 하시는도다

로마서 5:1-11

환난 중에도 즐거워하는 믿음

그러므로 우리가 믿음으로 의롭다 하심을 받았으니
우리 주 예수 그리스도로 말미암아
하나님과 화평을 누리자
또한 그로 말미암아 우리가 믿음으로 서 있는
이 은혜에 들어감을 얻었으며
하나님의 영광을 바라고 즐거워하느니라
다만 이뿐 아니라 우리가 환난 중에도 즐거워하나니
이는 환난은 인내를,
인내는 연단을, 연단은 소망을 이루는 줄 앎이로다

우리가 아직 죄인되었을 때에

소망이 우리를 부끄럽게 하지 아니함은
우리에게 주신 성령으로 말미암아
하나님의 사랑이 우리의 마음에 부은 바 됨이니
우리가 아직 연약할 때에 기약대로 그리스도께서
경건하지 않은 자를 위하여 죽으셨도다
의인을 위하여 죽는 자가 쉽지 않고
선인을 위하여 용감히 죽는자가 혹 있거니와
우리가 아직 죄인 되었을 때에
그리스도께서 우리를 위하여 죽으심으로
하나님께서 우리에 대한
자기의 사랑을 확증하셨느니라

로마서 5:1-11

구원의 즐거움

9 그러면 이제 우리가 그의 피로 말미암아
의롭다 하심을 받았으니 더욱 그로 말미암아
진노하심에서 구원을 받을 것이니
10 곧 우리가 원수 되었을 때에
그의 아들의 죽으심으로 말미암아
하나님과 화목하게 되었은즉
화목하게 된 자로서는
더욱 그의 살아나심으로 말미암아
구원을 받을 것이니라
11 그뿐 아니라 이제 우리로 화목하게 하신
우리 주 예수 그리스도로 말미암아
하나님 안에서 또한 즐거워하느니라

시편 121:1-8*

나의 도움은 오직 여호와

1 내가 산을 향하여 눈을 들리라
나의 도움이 어디서 올까
2 나의 도움은 천지를 지으신 여호와에게서로다
3 여호와께서 너를 실족하지 아니하게 하시며
너를 지키시는 이가 졸지 아니하시리로다
4 이스라엘을 지키시는 이는 졸지도 아니하시고
주무시지도 아니하시리로다

시편 121:1-8*

여호와는 너를 지키시는 자라

여호와는 너를 지키시는 이시라
여호와께서 네 오른쪽에서 네 그늘이 되시나니
낮의 해가 너를 상하게 하지 아니하며
밤의 달도 너를 해치지 아니하리로다
여호와께서 너를 지켜
모든 환난을 면하게 하시며
또 네 영혼을 지키시리로다
여호와께서 너의 출입을
지금부터 영원까지 지키시리로다

시편 119:97

말씀 사랑

내가 주의 법을 어찌 그리 사랑하는지요
내가 그것을 종일 작은 소리로 읊조리나이다

유니게

4
단계

갈라디아서 5:1-26* / 시편 119:67,71 / 시편 126:1-6*
에베소서 6:1-24* / 시편 119:9,10,103,105 / 시편 127:1-5*
로마서 7:14-25* / 로마서 8:1-11 / 요한일서 1:1-10*

갈라디아서 5:1-26*

종의 멍에를 메지 말라

그리스도께서 우리를 자유롭게 하려고
자유를 주셨으니 그러므로 굳건하게 서서
다시는 종의 멍에를 메지 말라
보라 나 바울은 너희에게 말하노니
너희가 만일 할례를 받으면
그리스도께서 너희에게 아무 유익이 없으리라
내가 할례를 받는 각 사람에게 다시 증언하노니
그는 율법 전체를 행할 의무를 가진 자라
율법 안에서 의롭다 함을 얻으려 하는 너희는
그리스도에게서 끊어지고 은혜에서 떨어진 자로다

갈라디아서 5:1-26*

사랑으로 역사하는 믿음

우리가 성령으로 믿음을 따라
의의 소망을 기다리노니
그리스도 예수 안에서는
할례나 무할례나 효력이 없으되
사랑으로써 역사하는 믿음뿐이니라
너희가 달음질을 잘 하더니 누가 너희를 막아
진리를 순종하지 못하게 하더냐
그 권면은 너희를 부르신 이에게서
난 것이 아니니라
적은 누룩이 온 덩이에 퍼지느니라

갈라디아서 5:1-26*

흔들림 없는 믿음

나는 너희가 아무 다른 마음을 품지 아니할 줄을

주 안에서 확신하노라

그러나 너희를 요동하게 하는 자는

누구든지 심판을 받으리라

형제들아 내가 지금까지 할례를 전한다면

어찌하여 지금까지 박해를 받으리요

그리하였으면 십자가의 걸림돌이 제거되었으리니

너희를 어지럽게 하는 자들은

스스로 베어 버리기를 원하노라

성령을 좇아 행하라

형제들아 너희가 자유를 위하여 부르심을 입었으나

그러나 그 자유로 육체의 기회를 삼지 말고

오직 사랑으로 서로 종 노릇 하라

온 율법은 네 이웃 사랑하기를

네 자신 같이 하라 하신 한 말씀에서 이루어졌나니

만일 서로 물고 먹으면 피차 멸망할까 조심하라

내가 이르노니 너희는 성령을 따라 행하라

그리하면 육체의 욕심을 이루지 아니하리라

갈라디아서 5:1-26*

육체의 소욕과 성령의 소욕

육체의 소욕은 성령을 거스르고
성령은 육체를 거스르나니
이 둘이 서로 대적함으로 너희가 원하는 것을
하지 못하게 하려 함이니라
너희가 만일 성령의 인도하시는 바가 되면
율법 아래에 있지 아니하리라

육체의 행실

육체의 일은 분명하니
곧 음행과 더러운 것과 호색과
우상 숭배와 주술과 원수 맺는 것과 분쟁과 시기와
분냄과 당 짓는 것과 분열함과 이단과
투기와 술 취함과 방탕함과 또 그와 같은 것들이라
전에 너희에게 경계한 것 같이 경계하노니
이런 일을 하는 자들은
하나님의 나라를 유업으로 받지 못할 것이요

갈라디아서 5:1-26*

성령의 열매

오직 성령의 열매는 사랑과 희락과 화평과
오래 참음과 자비와 양선과 충성과
23 온유와 절제니 이같은 것을 금지할 법이 없느니라
24 그리스도 예수의 사람들은 육체와 함께
그 정욕과 탐심을 십자가에 못 박았느니라
만일 우리가 성령으로 살면 또한 성령으로 행할지니
헛된 영광을 구하여 서로 노엽게 하거나
서로 투기하지 말지니라

시편 119:67,71

고난은 유익이라

고난 당하기 전에는 내가 그릇 행하였더니
이제는 주의 말씀을 지키나이다
71 고난 당한 것이 내게 유익이라 이로 말미암아
내가 주의 율례들을 배우게 되었나이다

시편 126:1-6*

고국으로 돌아오는 기쁨

여호와께서 시온의 포로를 돌려 보내실 때에
우리는 꿈꾸는 것 같았도다
그 때에 우리 입에는 웃음이 가득하고
우리 혀에는 찬양이 찼었도다
그 때에 뭇 나라 가운데에서 말하기를
여호와께서 그들을 위하여
큰 일을 행하셨다 하였도다
여호와께서 우리를 위하여 큰 일을 행하셨으니
우리는 기쁘도다

씨 뿌림과 거둠

여호와여 우리의 포로를
남방 시내들 같이 돌려 보내소서
눈물을 흘리며 씨를 뿌리는 자는
기쁨으로 거두리로다
울며 씨를 뿌리러 나가는 자는 반드시 기쁨으로
그 곡식 단을 가지고 돌아오리로다

에베소서 6:1-24*

주 안에서의 효와 자녀교육

자녀들아 주 안에서 너희 부모에게 순종하라
이것이 옳으니라
네 아버지와 어머니를 공경하라
이것은 약속이 있는 첫 계명이니
이로써 네가 잘되고 땅에서 장수하리라
또 아비들아 너희 자녀를 노엽게 하지 말고
오직 주의 교훈과 훈계로 양육하라

에베소서 6:1-24*

섬김의 도

종들아 두려워하고 떨며 성실한 마음으로
육체의 상전에게 순종하기를
그리스도께 하듯 하라
눈가림만 하여
사람을 기쁘게 하는 자처럼 하지 말고
그리스도의 종들처럼
마음으로 하나님의 뜻을 행하고
기쁜 마음으로 섬기기를 주께 하듯 하고
사람들에게 하듯 하지 말라
이는 각 사람이 무슨 선을 행하든지
종이나 자유인이나
주께로부터 그대로 받을 줄을 앎이라

에베소서 6:1-24*

영적 싸움

상전들아 너희도 그들에게 이와 같이 하고
위협을 그치라
이는 그들과 너희의 상전이 하늘에 계시고
그에게는 사람을 외모로 취하는 일이 없는 줄
너희가 앎이라
끝으로 너희가 주 안에서와
그 힘의 능력으로 강건하여지고
마귀의 간계를 능히 대적하기 위하여
하나님의 전신 갑주를 입으라
우리의 씨름은 혈과 육을 상대하는 것이 아니요
통치자들과 권세들과 이 어둠의 세상 주관자들과
하늘에 있는 악의 영들을 상대함이라

에베소서 6:1-24*

하나님의 전신 갑주

그러므로 하나님의 전신 갑주를 취하라
이는 악한 날에 너희가 능히 대적하고
모든 일을 행한 후에 서기 위함이라
그런즉 서서 진리로 너희 허리 띠를 띠고
의의 호심경을 붙이고
평안의 복음이 준비한 것으로 신을 신고
모든 것 위에 믿음의 방패를 가지고
이로써 능히 악한 자의 모든 불화살을 소멸하고
구원의 투구와 성령의 검
곧 하나님의 말씀을 가지라

에베소서 6:1-24*

성령 안에서 깨어 기도하라

모든 기도와 간구를 하되
항상 성령 안에서 기도하고
이를 위하여 깨어 구하기를 항상 힘쓰며
여러 성도를 위하여 구하라
또 나를 위하여 구할 것은 내게 말씀을 주사
나로 입을 열어 복음의 비밀을
담대히 알리게 하옵소서 할 것이니
이 일을 위하여 내가 쇠사슬에 매인 사신이 된 것은
나로 이 일에 당연히 할 말을
담대히 하게 하려 하심이라

평안과 믿음을 겸한 사랑

나의 사정 곧 내가 무엇을 하는지
너희에게도 알리려 하노니
사랑을 받은 형제요 주 안에서 진실한 일꾼인
두기고가 모든 일을 너희에게 알리리라
우리 사정을 알리고 또 너희 마음을 위로하기 위하여
내가 특별히 그를 너희에게 보내었노라
아버지 하나님과 주 예수 그리스도께로부터
평안과 믿음을 겸한 사랑이 형제들에게 있을지어다
우리 주 예수 그리스도를 변함 없이 사랑하는
모든 자에게 은혜가 있을지어다

시편 119 : 9, 10, 103, 105

청년과 주의 말씀

9 청년이 무엇으로 그의 행실을 깨끗하게 하리이까
주의 말씀만 지킬 따름이니이다
10 내가 전심으로 주를 찾았사오니
주의 계명에서 떠나지 말게 하소서
103 주의 말씀의 맛이 내게 어찌 그리 단지요
내 입에 꿀보다 더 다니이다
105 주의 말씀은 내 발에 등이요
내 길에 빛이니이다

시편 127:1-5*

여호와의 일하심

여호와께서 집을 세우지 아니하시면
세우는 자의 수고가 헛되며
여호와께서 성을 지키지 아니하시면
파수꾼의 깨어 있음이 헛되도다
너희가 일찍이 일어나고 늦게 누우며
수고의 떡을 먹음이 헛되도다
그러므로 여호와께서 그의 사랑하시는 자에게는
잠을 주시는도다

자식은 여호와의 선물

보라 자식들은 여호와의 기업이요
태의 열매는 그의 상급이로다
젊은 자의 자식은 장사의 수중의 화살 같으니
이것이 그의 화살통에 가득한 자는 복되도다
그들이 성문에서 그들의 원수와 담판할 때에
수치를 당하지 아니하리로다

로마서 7:14-25*

내 속에 거하는 죄

14 우리가 율법은 신령한 줄 알거니와
나는 육신에 속하여 죄 아래에 팔렸도다
15 내가 행하는 것을 내가 알지 못하노니
곧 내가 원하는 것은 행하지 아니하고
도리어 미워하는 것을 행함이라
16 만일 내가 원하지 아니하는 그것을 행하면
내가 이로써 율법이 선한 것을 시인하노니
17 이제는 그것을 행하는 자가 내가 아니요
내 속에 거하는 죄니라

로마서 7:14-25*

원치 아니하는 악을 행하는 나

18 내 속 곧 내 육신에
선한 것이 거하지 아니하는 줄을 아노니
원함은 내게 있으나 선을 행하는 것은 없노라
19 내가 원하는 바 선은 행하지 아니하고
도리어 원하지 아니하는 바 악을 행하는도다
20 만일 내가 원하지 아니하는 그것을 하면
이를 행하는 자는 내가 아니요
내 속에 거하는 죄니라
21 그러므로 내가 한 법을 깨달았노니
곧 선을 행하기 원하는 나에게
악이 함께 있는 것이로다

로마서 7:14-25*

아, 나는 비천한 사람

내 속사람으로는 하나님의 법을 즐거워하되
내 지체 속에서 한 다른 법이 내 마음의 법과 싸워
내 지체 속에 있는 죄의 법으로
나를 사로잡는 것을 보는도다
오호라 나는 곤고한 사람이로다
이 사망의 몸에서 누가 나를 건져내랴
우리 주 예수 그리스도로 말미암아
하나님께 감사하리로다
그런즉 내 자신이 마음으로는 하나님의 법을
육신으로는 죄의 법을 섬기노라

로마서 8:1-11

생명의 성령의 법

그러므로 이제 그리스도 예수 안에 있는 자에게는
결코 정죄함이 없나니
이는 그리스도 예수 안에 있는 생명의 성령의 법이
죄와 사망의 법에서 너를 해방하였음이라
율법이 육신으로 말미암아 연약하여
할 수 없는 그것을 하나님은 하시나니
곧 죄로 말미암아 자기 아들을 죄 있는
육신의 모양으로 보내어 육신에 죄를 정하사
육신을 따르지 않고 그 영을 따라 행하는 우리에게
율법의 요구가 이루어지게 하려 하심이니라

로마서 8:1-11

영의 생각은 생명과 평안

5 육신을 따르는 자는 육신의 일을,
영을 따르는 자는 영의 일을 생각하나니
6 육신의 생각은 사망이요
영의 생각은 생명과 평안이니라
7 육신의 생각은 하나님과 원수가 되나니
이는 하나님의 법에 굴복하지 아니할 뿐 아니라
할 수도 없음이라
8 육신에 있는 자들은 하나님을 기쁘시게 할 수 없느니라

너희 죽을 몸도 살리시리라

9 만일 너희 속에 하나님의 영이 거하시면
너희가 육신에 있지 아니하고 영에 있나니
누구든지 그리스도의 영이 없으면
그리스도의 사람이 아니라
10 또 그리스도께서 너희 안에 계시면
몸은 죄로 말미암아 죽은 것이나
영은 의로 말미암아 살아 있는 것이니라
11 예수를 죽은 자 가운데서 살리신 이의 영이
너희 안에 거하시면
그리스도 예수를 죽은 자 가운데서 살리신 이가
너희 안에 거하시는 그의 영으로 말미암아
너희 죽을 몸도 살리시리라

요한일서 1:1-10*

태초부터 있는 생명의 말씀

태초부터 있는 생명의 말씀에 관하여는
우리가 들은 바요 눈으로 본 바요
자세히 보고 우리의 손으로 만진 바라
이 생명이 나타내신 바 된지라
이 영원한 생명을 우리가 보았고
증언하여 너희에게 전하노니
이는 아버지와 함께 계시다가
우리에게 나타내신 바 된 이시니라
우리가 보고 들은 바를 너희에게도 전함은
너희로 우리와 사귐이 있게 하려 함이니
우리의 사귐은 아버지와 그의 아들
예수 그리스도와 더불어 누림이라
우리가 이것을 씀은 우리의 기쁨이
충만하게 하려 함이라

요한일서 1:1–10*

하나님은 빛이시라

우리가 그에게서 듣고 너희에게 전하는 소식은
이것이니 곧 하나님은 빛이시라
그에게는 어둠이 조금도 없으시다는 것이니라
만일 우리가 하나님과 사귐이 있다 하고
어둠에 행하면 거짓말을 하고
진리를 행하지 아니함이거니와
그가 빛 가운데 계신 것 같이
우리도 빛 가운데 행하면 우리가 서로 사귐이 있고
그 아들 예수의 피가
우리를 모든 죄에서 깨끗하게 하실 것이요

우리 죄를 자백하면

만일 우리가 죄가 없다고 말하면 스스로 속이고
또 진리가 우리 속에 있지 아니할 것이요
만일 우리가 우리 죄를 자백하면
그는 미쁘시고 의로우사 우리 죄를 사하시며
우리를 모든 불의에서 깨끗하게 하실 것이요
만일 우리가 범죄하지 아니하였다 하면
하나님을 거짓말하는 이로 만드는 것이니
또한 그의 말씀이 우리 속에 있지 아니하니라

유니게

5

단계

요한복음 13:34,35 / 로마서 8:12-30 / 시편 50:14,15

이사야 53:1-12* / 로마서 12:1-21* / 이사야 55:1-13* / 시편 51:1-19*

로마서 1:1-4 / 히브리서 4:12,13 / 이사야 43:19-21 / 이사야 60:1-3

요한복음 13:34,35

새 계명

새 계명을 너희에게 주노니 서로 사랑하라
내가 너희를 사랑한 것 같이 너희도 서로 사랑하라
너희가 서로 사랑하면 이로써 모든 사람이
너희가 내 제자인 줄 알리라

로마서 8:12-30

하나님의 아들

그러므로 형제들아 우리가 빚진 자로되
육신에게 져서 육신대로 살 것이 아니니라
너희가 육신대로 살면 반드시 죽을 것이로되
영으로써 몸의 행실을 죽이면 살리니
무릇 하나님의 영으로 인도함을 받는 사람은
곧 하나님의 아들이라
너희는 다시 무서워하는 종의 영을 받지 아니하고
양자의 영을 받았으므로
우리가 아빠 아버지라고 부르짖느니라

로마서 8:12-30

장차 우리에게 나타날 영광

성령이 친히 우리의 영과 더불어
우리가 하나님의 자녀인 것을 증언하시나니
자녀이면 또한 상속자 곧 하나님의 상속자요
그리스도와 함께 한 상속자니
우리가 그와 함께 영광을 받기 위하여
고난도 함께 받아야 할 것이니라
생각하건대 현재의 고난은
장차 우리에게 나타날 영광과 비교할 수 없도다
피조물이 고대하는 바는
하나님의 아들들이 나타나는 것이니

로마서 8:12-30

피조물의 탄식

20 피조물이 허무한 데 굴복하는 것은
자기 뜻이 아니요
오직 굴복하게 하시는 이로 말미암음이라
21 그 바라는 것은 피조물도
썩어짐의 종 노릇 한 데서 해방되어
하나님의 자녀들의 영광의 자유에 이르는 것이니라
22 피조물이 다 이제까지 함께 탄식하며
함께 고통을 겪고 있는 것을 우리가 아느니라
23 그뿐 아니라 또한
우리 곧 성령의 처음 익은 열매를 받은 우리까지도
속으로 탄식하여 양자 될 것
곧 우리 몸의 속량을 기다리느니라

로마서 8:12-30

성령의 탄식과 성도를 위한 간구

우리가 소망으로 구원을 얻었으매
보이는 소망이 소망이 아니니
보는 것을 누가 바라리요
만일 우리가 보지 못하는 것을 바라면
참음으로 기다릴지니라
이와 같이 성령도 우리의 연약함을 도우시나니
우리는 마땅히 기도할 바를 알지 못하나
오직 성령이 말할 수 없는 탄식으로
우리를 위하여 친히 간구하시느니라
마음을 살피시는 이가 성령의 생각을 아시나니
이는 성령이 하나님의 뜻대로
성도를 위하여 간구하심이니라

로마서 8:12-30

합력하여 선을 이루시는 하나님

28 우리가 알거니와 하나님을 사랑하는 자
곧 그의 뜻대로 부르심을 입은 자들에게는
모든 것이 합력하여 선을 이루느니라
29 하나님이 미리 아신 자들을 또한
그 아들의 형상을 본받게 하기 위하여 미리 정하셨으니
이는 그로 많은 형제 중에서
맏아들이 되게 하려 하심이니라
30 또 미리 정하신 그들을 또한 부르시고
부르신 그들을 또한 의롭다 하시고
의롭다 하신 그들을 또한 영화롭게 하셨느니라

시편 50:14,15

감사 제사와 서원 갚음

14 감사로 하나님께 제사를 드리며
지존하신 이에게 네 서원을 갚으며
15 환난 날에 나를 부르라 내가 너를 건지리니
네가 나를 영화롭게 하리로다

이사야 53:1-12*

연한 순

우리가 전한 것을 누가 믿었느냐
여호와의 팔이 누구에게 나타났느냐
그는 주 앞에서 자라나기를 연한 순 같고
마른 땅에서 나온 뿌리 같아서
고운 모양도 없고 풍채도 없은즉
우리가 보기에 흠모할 만한 아름다운 것이 없도다
그는 멸시를 받아 사람들에게 버림 받았으며
간고를 많이 겪었으며 질고를 아는 자라
마치 사람들이 그에게서 얼굴을 가리는 것 같이 멸시를 당하였고
우리도 그를 귀히 여기지 아니하였도다

그가 찔리고 상함은

그는 실로 우리의 질고를 지고 우리의 슬픔을 당하였거늘
우리는 생각하기를 그는 징벌을 받아 하나님께 맞으며
고난을 당한다 하였노라
그가 찔림은 우리의 허물 때문이요
그가 상함은 우리의 죄악 때문이라
그가 징계를 받으므로 우리는 평화를 누리고
그가 채찍에 맞으므로 우리는 나음을 받았도다

이사야 53:1-12*

우리는 다 양 같아서

우리는 다 양 같아서
그릇 행하여 각기 제 길로 갔거늘
여호와께서는 우리 모두의 죄악을
그에게 담당시키셨도다
그가 곤욕을 당하여 괴로울 때에도
그의 입을 열지 아니하였음이여
마치 도수장으로 끌려 가는 어린 양과
털 깎는 자 앞에서 잠잠한 양 같이
그의 입을 열지 아니하였도다
그는 곤욕과 심문을 당하고 끌려 갔으나
그 세대 중에 누가 생각하기를
그가 살아 있는 자들의 땅에서 끊어짐은
마땅히 형벌 받을 내 백성의 허물 때문이라 하였으리요

이사야 53:1-12*

주의 뜻을 성취하리로다

그는 강포를 행하지 아니하였고
그의 입에 거짓이 없었으나
그의 무덤이 악인들과 함께 있었으며
그가 죽은 후에 부자와 함께 있었도다
여호와께서 그에게 상함을 받게 하시기를 원하사
질고를 당하게 하셨은즉
그의 영혼을 속건제물로 드리기에 이르면
그가 씨를 보게 되며 그의 날은 길 것이요
또 그의 손으로 여호와께서 기뻐하시는 뜻을 성취하리로다

대속의 은혜

그가 자기 영혼의 수고한 것을 보고 만족하게 여길 것이라
나의 의로운 종이 자기 지식으로 많은 사람을 의롭게 하며
또 그들의 죄악을 친히 담당하리로다
그러므로 내가 그에게
존귀한 자와 함께 몫을 받게 하며
강한 자와 함께 탈취한 것을 나누게 하리니
이는 그가 자기 영혼을 버려 사망에 이르게 하며
범죄자 중 하나로 헤아림을 받았음이니라
그러나 그가 많은 사람의 죄를 담당하며
범죄자를 위하여 기도하였느니라

로마서 12:1-21*

거룩한 산 제사

그러므로 형제들아
내가 하나님의 모든 자비하심으로 너희를 권하노니
너희 몸을 하나님이 기뻐하시는
거룩한 산 제물로 드리라
이는 너희가 드릴 영적 예배니라
너희는 이 세대를 본받지 말고
오직 마음을 새롭게 함으로 변화를 받아
하나님의 선하시고 기뻐하시고
온전하신 뜻이 무엇인지 분별하도록 하라

그리스도 안에서의 한 몸

내게 주신 은혜로 말미암아
너희 각 사람에게 말하노니
마땅히 생각할 그 이상의 생각을 품지 말고
오직 하나님께서 각 사람에게 나누어 주신
믿음의 분량대로 지혜롭게 생각하라
우리가 한 몸에 많은 지체를 가졌으나
모든 지체가 같은 기능을 가진 것이 아니니
이와 같이 우리 많은 사람이 그리스도 안에서
한 몸이 되어 서로 지체가 되었느니라

로마서 12:1-21*

받은 은사대로

우리에게 주신 은혜대로 받은 은사가 각각 다르니
혹 예언이면 믿음의 분수대로,
혹 섬기는 일이면 섬기는 일로,
혹 가르치는 자면 가르치는 일로,
혹 위로하는 자면 위로하는 일로,
구제하는 자는 성실함으로, 다스리는 자는 부지런함으로,
긍휼을 베푸는 자는 즐거움으로 할 것이니라

형제 사랑

사랑에는 거짓이 없나니 악을 미워하고 선에 속하라
형제를 사랑하여 서로 우애하고
존경하기를 서로 먼저 하며
부지런하여 게으르지 말고 열심을 품고 주를 섬기라
소망 중에 즐거워하며
환난 중에 참으며 기도에 항상 힘쓰며
성도들의 쓸 것을 공급하며 손 대접하기를 힘쓰라

로마서 12:1-21*

더불어 평화하라

14 너희를 박해하는 자를 축복하라
축복하고 저주하지 말라
15 즐거워하는 자들과 함께 즐거워하고
우는 자들과 함께 울라
16 서로 마음을 같이하며 높은 데 마음을 두지 말고
도리어 낮은 데 처하며
스스로 지혜 있는 체 하지 말라
17 아무에게도 악을 악으로 갚지 말고
모든 사람 앞에서 선한 일을 도모하라
18 할 수 있거든 너희로서는
모든 사람과 더불어 화목하라

로마서 12:1-21*

선으로 악을 이기라

내 사랑하는 자들아

너희가 친히 원수를 갚지 말고

하나님의 진노하심에 맡기라

기록되었으되 원수 갚는 것이 내게 있으니

내가 갚으리라고 주께서 말씀하시니라

네 원수가 주리거든 먹이고

목마르거든 마시게 하라

그리함으로 네가 숯불을 그 머리에 쌓아 놓으리라

악에게 지지 말고 선으로 악을 이기라

이사야 55:1-13*

목마른 자들아 물로 나아오라

오호라 너희 모든 목마른 자들아 물로 나아오라
돈 없는 자도 오라 너희는 와서 사 먹되
돈 없이, 값 없이 와서 포도주와 젖을 사라
너희가 어찌하여
양식이 아닌 것을 위하여 은을 달아 주며
배부르게 하지 못할 것을 위하여 수고하느냐
내게 듣고 들을지어다
그리하면 너희가 좋은 것을 먹을 것이며
너희 자신들이 기름진 것으로 즐거움을 얻으리라

너희 영혼이 살리라

너희는 귀를 기울이고 내게로 나아와 들으라
그리하면 너희의 영혼이 살리라
내가 너희를 위하여 영원한 언약을 맺으리니
곧 다윗에게 허락한 확실한 은혜이니라
보라 내가 그를 만민에게 증인으로 세웠고
만민의 인도자와 명령자로 삼았나니
보라 네가 알지 못하는 나라를 네가 부를 것이며
너를 알지 못하는 나라가 네게로 달려올 것은
여호와 네 하나님 곧
이스라엘의 거룩하신 이로 말미암음이니라
이는 그가 너를 영화롭게 하였느니라

이사야 55:1-13*

여호와께로 돌아오라

너희는 여호와를 만날 만한 때에 찾으라
가까이 계실 때에 그를 부르라
악인은 그의 길을, 불의한 자는 그의 생각을 버리고
여호와께로 돌아오라
그리하면 그가 긍휼히 여기시리라
우리 하나님께로 돌아오라
그가 너그럽게 용서하시리라
이는 내 생각이 너희의 생각과 다르며
내 길은 너희의 길과 다름이니라
여호와의 말씀이니라
이는 하늘이 땅보다 높음 같이
내 길은 너희의 길보다 높으며
내 생각은 너희의 생각보다 높음이니라

이사야 55:1-13*

내 입에서 나가는 말

이는 비와 눈이 하늘로부터 내려서
그리로 되돌아가지 아니하고
땅을 적셔서 소출이 나게 하며 싹이 나게 하여
파종하는 자에게는 종자를 주며
먹는 자에게는 양식을 줌과 같이
내 입에서 나가는 말도
이와 같이 헛되이 내게로 되돌아오지 아니하고
나의 기뻐하는 뜻을 이루며
내가 보낸 일에 형통함이니라

평안히 인도함을 받으리라

너희는 기쁨으로 나아가며
평안히 인도함을 받을 것이요
산들과 언덕들이 너희 앞에서 노래를 발하고
들의 모든 나무가 손뼉을 칠 것이며
잣나무는 가시나무를 대신하여 나며
화석류는 찔레를 대신하여 날 것이라
이것이 여호와의 기념이 되며
영영한 표징이 되어 끊어지지 아니하리라

시편 51:1-19*

내 죄악을 지워주소서

1 하나님이여
주의 인자를 따라 내게 은혜를 베푸시며
주의 많은 긍휼을 따라 내 죄악을 지워 주소서
2 나의 죄악을 말갛게 씻으시며
나의 죄를 깨끗이 제하소서
3 무릇 나는 내 죄과를 아오니
내 죄가 항상 내 앞에 있나이다
4 내가 주께만 범죄하여
주의 목전에 악을 행하였사오니
주께서 말씀하실 때에 의로우시다 하고
주께서 심판하실 때에 순전하시다 하리이다

시편 51:1-19*

우슬초로 나를 정결하게 하소서

내가 죄악 중에서 출생하였음이여
어머니가 죄 중에서 나를 잉태하였나이다
보소서 주께서는 중심이 진실함을 원하시오니
내게 지혜를 은밀히 가르치시리이다
우슬초로 나를 정결하게 하소서 내가 정하리이다
나의 죄를 씻어 주소서 내가 눈보다 희리이다
내게 즐겁고 기쁜 소리를 들려 주시사
주께서 꺾으신 뼈들도 즐거워하게 하소서

정직한 영을 새롭게 하소서

주의 얼굴을 내 죄에서 돌이키시고
내 모든 죄악을 지워 주소서
하나님이여 내 속에 정한 마음을 창조하시고
내 안에 정직한 영을 새롭게 하소서
나를 주 앞에서 쫓아내지 마시며
주의 성령을 내게서 거두지 마소서
주의 구원의 즐거움을 내게 회복시켜 주시고
자원하는 심령을 주사 나를 붙드소서

시편 51:1-19*

피 흘린 죄에서 나를 건지소서

그리하면 내가 범죄자에게 주의 도를 가르치리니
죄인들이 주께 돌아오리이다
14 하나님이여 나의 구원의 하나님이여
피 흘린 죄에서 나를 건지소서
내 혀가 주의 의를 높이 노래하리이다
주여 내 입술을 열어 주소서
내 입이 주를 찬송하여 전파하리이다

의로운 제사와 번제

주께서는 제사를 기뻐하지 아니하시나니
그렇지 아니하면 내가 드렸을 것이라
주는 번제를 기뻐하지 아니하시나이다
하나님께서 구하시는 제사는 상한 심령이라
하나님이여 상하고 통회하는 마음을
주께서 멸시하지 아니하시리이다
주의 은택으로 시온에 선을 행하시고
예루살렘 성을 쌓으소서
그 때에 주께서 의로운 제사와 번제와
온전한 번제를 기뻐하시리니
그 때에 그들이 수소를 주의 제단에 드리리이다

로마서 1:1-4

복음의 비밀

예수 그리스도의 종 바울은
사도로 부르심을 받아
하나님의 복음을 위하여 택정함을 입었으니
이 복음은 하나님이 선지자들을 통하여
그의 아들에 관하여 성경에 미리 약속하신 것이라
그의 아들에 관하여 말하면
육신으로는 다윗의 혈통에서 나셨고
성결의 영으로는 죽은 자들 가운데서 부활하사
능력으로 하나님의 아들로 선포되셨으니
곧 우리 주 예수 그리스도시니라

히브리서 4:12,13

하나님의 말씀

하나님의 말씀은 살아 있고 활력이 있어
좌우에 날선 어떤 검보다도 예리하여
혼과 영과 및 관절과 골수를 찔러 쪼개기까지 하며
또 마음의 생각과 뜻을 판단하나니
지으신 것이 하나도 그 앞에 나타나지 않음이 없고
우리의 결산을 받으실 이의 눈 앞에
만물이 벌거벗은 것 같이 드러나느니라

이사야 43:19-21

보라 내가 새 일을 행하리라

보라 내가 새 일을 행하리니 이제 나타낼 것이라
너희가 그것을 알지 못하겠느냐
반드시 내가 광야에 길을 사막에 강을 내리니
장차 들짐승 곧 승냥이와 타조도 나를 존경할 것은
내가 광야에 물을, 사막에 강들을 내어
내 백성, 내가 택한 자에게 마시게 할 것임이라
이 백성은 내가 나를 위하여 지었나니
나를 찬송하게 하려 함이니라

이사야 60:1-3

일어나라 빛을 발하라

일어나라 빛을 발하라
이는 네 빛이 이르렀고
여호와의 영광이 네 위에 임하였음이니라
보라 어둠이 땅을 덮을 것이며
캄캄함이 만민을 가리려니와
오직 여호와께서 네 위에 임하실 것이며
그의 영광이 네 위에 나타나리니
나라들은 네 빛으로,
왕들은 비치는 네 광명으로 나아오리라

303비전성경암송 일천 번제 1

초판 1쇄 발행 2025년 8월 1일

엮은이 303비전성경암송학교

펴낸이 여진구
책임편집 한창수
편집 이영주 박소영 최현수 구주은 안수경 김도연 김아진
책임디자인 마영애 노지현 조은혜 정은혜 남은진
홍보 · 외서 진효지
마케팅 김상순 강성민　　마케팅지원 최영배 정나영
제작 조영석 허병용　　경영지원 김혜경 김경희

303비전성경암송학교 유니게 과정
이슬비전도학교 / 303비전성경암송학교 / 303비전꿈나무장학회

펴낸곳 규장 303비전성경암송학교

주소 06770 서울시 서초구 매헌로 16길 20(양재2동) 규장선교센터
전화 02)578-0003　　팩스 02)578-7332
이메일 kyujang0691@gmail.com　　홈페이지 www.kyujang.com
페이스북 facebook.com/kyujangbook　　인스타그램 instagram.com/kyujang_com
카카오스토리 story.kakao.com/kyujangbook
등록번호 1922-2461
since 1978.08.14

책값 뒤표지에 있습니다.
ISBN 979-11-6504-642-2 03230

규 | 장 | 수 | 칙

1. 기도로 기획하고 기도로 제작한다.
2. 오직 그리스도의 성품을 사모하는 독자가 원하고 필요로 하는 책만을 출판한다.
3. 한 활자 한 문장에 온 정성을 쏟는다.
4. 성실과 정확을 생명으로 삼고 일한다.
5. 긍정적이며 적극적인 신앙과 신행일치에의 안내자의 사명을 다한다.
6. 충고와 조언을 항상 감사로 경청한다.
7. 지상목표는 문서선교에 있다.

하나님을 사랑하는 자 곧 그의 뜻대로 부르심을 입은 자들에게는 모든 것이 合力하여 善을 이루느니라(롬 8:28)

ecpa Member of the Evangelical Christian Publishers Association

규장은 문서를 통해 복음전파와 신앙교육에 주력하는 국제적 출판사들의 협의체인 복음주의출판협회(E.C.P.A:Evangelical Christian Publishers Association)의 출판정신에 동참하는 회원(Associate Member)입니다.